Observatøren

Observatøren

Brian Ingemann Schierning Holme

Digtsamling

Observatøren

Forlaget BoD

MIX
Papir fra ansvarlige kilder
Paper from responsible sources
FSC® C105338
FSC
www.fsc.org

Indholdsfortegnelse

Forord   1

Digtene   2-76

Bonus!!!

Samurai   77-116

Forord

En kop kaffe på banegården, en madpakke på bænken i parken eller blot frihed i naturen. Mennesket, verdenen eller livet der farer forbi.

Stop op, stik fingeren i jorden og lad indtrykkene beruse dig, varme dig eller glæde dig. Se verden i øjnene som en betragter med hjerte og sjæl.

I en verden hvor det hele går så stærkt og ingen har tid til andre end sig selv er det meget vigtigt at huske at sænke farten og tage andre med på sine egne succeshistorier i livet

De letteste opgaver i livet er at være godhjertet, respektfuld og betænksom.

Denne digtsamling er essensen af alle disse sanseindtryk af følelser både på godt og ondt der simrer glædeligt når man interesserer sig for sine medmennesker og deres færden.

Omnes conjuncti sumus. (Vi er alle forbundet)

Jeg lader forordet slutte med et citat:
"Gode gerninger gør ikke gode mennesker
Men gode mennesker gør gode gerninger"

God fornøjelse
Brian Ingemann Schierning Holme

Indtryk

Børn der leger sammen
Den smukke larm af uskyld
Følelsen af forældre der glædes
Glædes over deres børns lykke.

Bemærker den unge dame overfor
Hun sidder og betragter mig nysgerrigt
Hun ser jeg ser hende og smiler til mig
Smiler igen med et bekræftende smil

Bliver afbrudt af et rungende hej
Jeg hilser igen og får en sludder
En gammel ven før tidernes tid
Glædens gensyn er os vel ondt

Et ungt par sidder og fniser
Forelskelsen skinner ud af dem
Deres lykke varmer om mit hjerte
Et sanseligt varme af bare at være

Alle disse dagligdagens udtryk
Gør min kaffe uovertruffen god

Pax Humanismus

God etikette er ikke påbud
Det er hvad man gør uopfordret såsom

Kunden der sætter plastikskiltet til den næste
Buspassageren der hjælper med barnevognen
Chefen der lige laver kaffe til sine ansatte
Den studerende der holder døren for en anden
Den unge der gerne hjælper den ældre
Den ældre der lader sig hjælpe af den unge

Gæster der lige hjælper med opvasken
Overboen der hjælper med at slæbe varer op
skolekammeraten der giver en kop kaffe
den ansatte der giver sig tid til kunderne
kunderne der smilende tager køen i stiv arm

manden der stadig gerne hjælper damerne
damen der stadig gerne vil hjælpes af manden
kærestepar der giver hinanden plads i forholdet
forholdet der accepterer begges fejl og mangler

forældrene der betingelsesløst elsker børnene
børnene der lærer etikette af forældrene
søskende der passer på hinanden

trafikanterne der giver plads til hinanden
mennesket der giver plads i hverdagen
hjælpen der gives af hjertet uden bagtanke

Brændpunkt

Terrorist imprægnerede flygtninge
Islam befængt respektløshed
Ensporede menneskemængder
Indoktrinerede livsanskuelser

Skjuler sig i deres religion
Nægter at blive integreret
Muslimer er de udvalgte
Således prædiker koranen

Politikere med tefal holdninger
Søger de lette udveje som altid
Vi skal bøje for deres væremåde
Vi må være problemet ikke dem

Smid religion ud af samfundet
Put konsekvens tilbage i handlingen
Sæt gensidig respekt og dannelse i fokus
Og husk så "følg skik eller land fly"

Ansvar

Kapitalistiske superegoister
Selvcentrerede folkemasser
Objektivt selvbedrag
Ansvars forskudte attituder.

Et samfund af kamæleoner
Materialistiske stats symboler
Nedplaffet medfølelse
Subjektiv ugidelighed

Tolereret forældresvigt
"børnenes tarv" tomme ord
humanitære uddannede folk
tænker kun i prestigen

"lort og lagkage" forældet samfund
alle vil have en bid af lagkagen
men ingen vil tage lorten
handling kan ikke være uden konsekvens

Morbide væsner

Retfærdighedens fader
Udstødt af egoisme
Ensomhedens larm
Smertefulde tårer løber

En rask stemples syg
Blot fordi det er nemmest
For samfundets mange syge
Som fortsætter livet som rask

Piller uddeles som slik
Diagnoser flyver omkring
Mennesket forskubber ansvaret
Til sygdomme der ikke eksisterer

Vi lever i en nation
Hvor dårlige værdier er sunde
Og gode værdier stemples syge
Mennesket fortjener ingen plads i livet.

Blændet egoer

Helvedets tog kører
Mennesket stiger blindt på
Kun med tanke om sig selv
De ved ikke hvor toget ender

Stationer farer forbi
Vinduets visuelle advarsel
Mennesket sidder forblændet fast
I glassets spejlende refleksion

Lig maltrakteret og blege
Sidder sammen med mennesket
I togets blandede kupeer
Ligegyldighedens mur skygger

Togets endestation fremtriller
Mennesket opdager destinationen
Vræl, undskyldninger og udenomssnak
Men helvede slipper ingen løs

TI-89

TEKNOLOGISK HØJALDER
KNAPPER TRYKKES
MEKANISMER FØRES
FORUNDRING FRYDES

RESPEKTLØSE HOLDNINGER
SVÆRGER TIL TEKNOLOGIEN
GLEMMER UDTRYKKET BAG
MOTORISK IDIOCRASI

LETTE UDTRYK VISKES UD
AF LOMMEREGNERENS TASTEN
DUMHED AVLER DUMHED
OVERFLADISK LÆRDOM

ET GODT HOVED ER BEDRE
END EN LOMMEREGNER DER IKKE DUR
TEKNOLOGIER SKAL FORBLIVE EN HJÆLP
ALDRIG INDFØRES SOM ERSTATNING

Sønderskudt godhed

Pragmatiske attituder
Konversabel lyrik
Venligsindede gestusser
Spreder af indre glæde

Sensitivt væsen
Indfanger essenser
Belyser urenheder
Skaber dyb indre ro

Sarkastisk væren
Ironi beskyttende ego
Harsk lyrik toner frem
Misbrugte gestusser bor

Maskinel fremtoning
Imploderet tomhed
Indre barrikader skabes
Indre glæde spredes stadig

Uopdraget

Ansvarsløse forældres gøren
Teenagere der leger med ilden
Bruger deres lokkende feminisme
Grænseløse og uden viden om stop

Ensomme voksne lokkes i nettet
Gensidig accept kontraktes
Begge i spændingens hånd
Fuldbyrdelse konsumeres

Opmærksomheds misbrug
Ansvarsløse forældre statussymboliserer
Teenager skånselsløs proklamerer voldtægt
Forældre forflytter ansvar og konsekvens

Den ensomme voksne straffes
Forældres ansvar hans konsekvens
Livet ødelagt uskyldigt dømt
En forkert handling begået af to

Dronningenymfer

Bedårende små nymfer
Svæver rundt i gaderne
Lokker med deres skønhed
Fanger med deres uskyldighed
De lokkede falder i fælden
Blindhed hældes i deres fornuft
Livets følelser fodrer deres sind
Ubevægelige åndedrag i deres krop
Nymferne forfører med deres skønhed
Suger livskraften ud af de lokkede
Som geishaer de holder dem fanget
Som nymfer smider dem ud igen
De lokkede vil blive i deres klør
Ænser ikke deres livskraft ebbe
Bliver bræt løsgivet til konsekvensen
Død, ydmygelse, sindssyge blot nymfeudfald

Mars mennesker

POPULISTISK POP-LITTERATUR
PÅTAGET PERFORlER
PROKLAMERET PRÆSENS
POSTMODERNISMENS PROTOKOL

KULDSEJLET KVANTITET
KARAKTERLØS KVALITET
KEJTEDE KANALER
KATASTROFERNES KLODE

SMÅLIG SOFISTIKATION
SKINSYGE SUPEREGOER
SKAMFEREDE SKALLER
SEDITIVT SAMFUND

RETARDERET RACE
REVNET ROBUSTHED
RÅBENDE ROSER
RUSTIK RESONANS

Åndedræt

Har oplevet kærlighedens fulde drag
Følt dens varme i hver en åre
Mærket dens liv i hvert et åndedræt
Set den i øjnenes klare refleksion

Har levet betingelsesløst med glæde
givet ære i spontanitetens gnist
grædt, leet, oplevet og givet
flyttet bjerge med kærligheden

Har følt samhørigheden af to
To sjæle forbundet som én
Bedyret mit hjertes formåen
Besejlet min verdens virke

Har set kærlighedens styrke
Dens kraftfulde beruselse
Tilgivelsens styrkende hånd
Det sorte mørke udenom

Dens kraftfulde beruselse
Tilgivelsens styrkende hånd
Det sorte mørke udenom

Tilgivelsens styrkende hånd
Det sorte mørke udenom

Det sorte mørke udenom
Det sorte mørke......

Opblomstring

Kærlighed er livets bånd
Betingelsesløst er metoden
Gensidig respekt må være
Hver for sig som en helhed

Kærlighed avler godhed
Kapacitet til uselvisk handling
En smuk tanke kan blive et ideal
Med tiden kan sprede mere kærlighed

Kærligheden kan være mange ting
Den kan være kærlighed til familien
Eller kærligheden til en anden
Eller blot kærligheden selv

Kærlighed er gaven vi har fået
Til at skabe paradis på jord
Til at give for glæden at se
Husk også de små ting i livet

Post ego(isme)

Rumklang i hjernens tomhed
Larmende ord af mundens stupiditet
Ligegyldighedens hvæsen af hjertet
følelsens smerte af sjælens monster

tomme hylstre vandrer overalt
støder ind i hinanden uden tække
et klamt stænk af intethed
besudler opfattelsesevnerne

sedativer erstatter ansvaret
sygdomme erstatter konsekvens
dårligdomme ødelægger liv
penge ødelægger æren

tossede millionærer kaldes excentrisk
fattige smides på et hjem uden hjælp
godhed udskiftet med penge
ære udskiftet med politik

Rovdyret

Fordrukne sutter sidder i tågerne
Arbejderfolk med lukkede øjne
Overklasse med blinde øjne
Rige der famler i mørke

Medmenneskelighed itu
En egenskab til salg
Øl, materiel eller gysser
aspekter af samme karakter

ugideligt er mennesket sammen
ustoppeligt er mennesket alene
hensynsløs er det sammen med andre
hensynsfuld er det sammen med sig selv

et ordsprog på latin siger alt
ordsproget "Do ut des" giv for at få
dette er essensen i menneskets natur
se blot på julens kapitalistiske hånd

Pupper af ondskab

Vægelsindet er menneskets væsen
Jeg er mig selv nærmest er livets tone
Farer alle neurotiske frem i søgelyset
Uden identiteter uden fast grund

Alle har travlt med sig selv
Samfundets medier skubber med
Hensynsløse handlinger hverdagskost
Hjerteløse kroppe ejer denne jord

En virus har spredt sig
Mennesket er dets navn
Af alle verdener jeg har observeret
Væmmes jeg ved denne med foragt

En hjerne mennesket er givet
Bruger den kun til ødelæggelse
I har ikke fortjent en plads i livet
Dyrene i denne verden burde regere

Embedsmænd i knæ

Konsekvensløse handlinger
Uskyldige straffes
Afmagt fremmaner
Voldshandling sidste udvej

Mennesker hævet over loven
Begår handlinger ustraffet
Andre begående samme handlinger
Straffes hårdt af selv samme lov

Retfærdig orden i samfundet
Må være den rigtige vej frem
Retfærdighed bygget på humanisme
Og ikke bygget på kapitalisme

Brudte løfter, svindel og Ego - handlinger
Må straffes når andre bøder for disse
Intet menneske er hævet over loven
Begås handlinger må konsekvens følge med

Numerisk mode

Pengegriskhed er den nye vare
Hullede moraler den nye mønt
Letsindig omgang med svage den nye kurs
Luderagtige tøjter den nye generation

Sundhed er blevet et modefænomen
En velfærd til salg som alt andet
Kapitalismen fundamentet for sundhed
Mennesket blot endnu en møntfoged

Et samfund af brug og smid væk
Kvalitet og kvantitet udtryk for intet
Dovenskab styrer dagens gang
Ignorance er morgendagens kaffe

Egoisme er dagens selvfølge
Ligegyldighed er agendaen der er sat
Ensomhed er følgesvenden på vejen
Vederstyggelighed er udfaldet

Burlesque

Kastreret menneskesyn
Morteret holdninger
Slagtede moraler
Arveløs generation

Egoismens æra
Hensynsløs selvrealisme
Skændede mennesker
Til salg for sendetid

Påklistrede holdninger
Manglende grobund
Intet personligt selvværd
Gemmer sig i selvtillidens tomhed

Trend følgere i tiden
Ingen selvstændighed tilbage
Menneskets værd er illusorisk
Kun hvad udrettes tæller

Samfundsidiocrati

LUNEFULDE ATTITUDER
FORÆLDRERLIG UHJÆLPSOMHED
KONSEKVENSLØS VILJE
UMOTIVERET GODHED
RODLØSE EKSISTENSER
KAMELIONER I HJERTET
RESPEKTLØSE HOLDNINGER
EKSTREME UDTRYKSFORMER
PERSONLIGE FANTASTER
TOMME I SIND
KOLDE I HJERTET
NÅDESLØSE I HANDLINGER
SAMFUNDETS EVIGE LOVGIVNINGER
DER FJERNER MENNESKETS EGET ANSVAR
FORÆLDRES KONSTANTE SELVREALISME
DER LADER BØRNENE SELVFORLADT

Totem

Skygge beklædte kroppe
Ildsjæles vemodighed
Kondenserede bemærkninger
Vådeskudte holdninger

Takserede livsanskuelse
Lænkede impulser
Stormende stilheder
Kuldsejlede sandheder

Manipuleret perfekthed
Bagvendt KONTROL
Symbiotisk singularitet
Besudlet udstrålinger

Krydrede egotrippere
Sanitære løgne
Slumrende refleksioner
Dvaske adfærd

Svanerne

Patetiske eksperter
fanget i forudsætninger
fastlåste forestillinger
smeltet videnskaber

urokkelige adfærd
standhaftige forældet
afskåret afstumpet nyviden
selvpræserveret attituder

uimodtagelig indtrængen
bremsende selvviden
bedrevidende indstillinger
umotiverede lærdomme

pediestalske tilstande
arrogante professorater
moderne mammutter
selvfede mastodonter

Tji-tjing

Diktatorerne sidder i fællesskab
Ene bestemmer samfundets gang
En dekadent bestyrelse af tomhed
En skarp længsel af formåen

Et demokrati der burde være
Snigmyrdet af egoismens lænder
Udvisket i evighedens omfavnelse
Forsvundet i tidens usynlighed

Ideer der kunne have været gode
Overdøvet af pengenes lokkende larm
Et samfund ladet i stikken
Humaniteten sønderskudt til døde

Samfundsligegyldige problemstillinger bedyres
Vigtige problemstillinger udskydes
Hvornår tages tingene alvorlige for diktatorerne
Er det når det begynder at gå ud over deres kære

Skæbner

Som en hær af myrer i myretuen
Vrimler banegården med travlhed
Mennesker med stive blikke
Vader tomme rundt uden at ænse

Et par går og snakker sammen
De taler hele tiden forbi hinanden
De går hver sin vej og hilser tomt farvel
Som en daglig rutine der sidder fast

En bums sidder på bænken og tigger
Folk går forbi uden at reagere
Han er essensen i det svage menneske
Et symbol fornægtet af mennesket

Sidder på cafeen med min varme kaffe
Min indre filosofi udfolder en konstatering
At med alle facade udsmykninger gennem årene
Er banegården stadig sønderskudt

Samfundsrevseren

Læger der slipper med at sjuske
Unge der slipper med kriminaliteten
Store selskaber der slipper med at snyde folket
Bolighajer der får lov at sjuske med boliger

Slatne restauratører der får indført rygeforbud for alle
DR der kan få lov at bruge folkets surt optjente penge
Reality-shows der dræber renheden i en branche respekteret af
dens fagfolk
Post Danmark der dikterer og monopoliserer brev vejene

Et Danmark der lige så godt kunde kaldes Tyrkiet
Et indfødt folkefærd med slatne holdninger
Et retssystem der er retfærdigheden til grin
Et politisk system der er en børnehave værdig

Med denne attitude i vores land
Er selvtægts mænd med rene hjerter nødvendigt
Frihedskæmpere i retfærdighed og humanitetens navn
Først der vil verdens blindhed blive kureret

Morakker

Hvad er der sket med empatien
I skolen lærte vi at skrive handlingsreferater
Hvorpå vi subjektivt tog stilling til emnet
Og vi følte os tilpas med at være i nærværet

Nu skal man skrive journalistiske analyser
Man skal tage stilling med andre tekster
Man har at være objektiv i sine betragtninger
Og empatien den skal bare væk

Hvordan kan en flok kujoner på et slot
Råbe op om de unge kriminelle
Når de selv var med til at fjerne empati
Når de selv var med til at fjerne selvstændighed

Vi er nået til samfundets humane ende
Hvor de få bare kan lide eller følge med
Det er stadig et diktatorisk mindretal
Der styrer det fængslede flertal

Individer

Solen skinner
Foråret står for døren
Samling i det grønne
Nektar beriger sanserne

Modsætninger tolererer
Amoriner flyder i luften
Kroppens beruselse af skønhed
Blikke der afslører intentioner

Nye alliancer opstår
Gamle venskaber fornyes
Fjollerier udfolder smilebåndet
Aldersforskelle udviskes i nuet

Filosofiske debatter
Afklarer verdenssituationer
Et bånd af at være
Et fællesskab der skinner

Filosofibutikken

Alle vil gerne være i nuet
Nu er det for sent
Nu har været der
Nu er allerede blevet var

Her er det nye nu
Det nye nu er også for sent
Det nye nu har også allerede været her
Det nye nu er allerede blevet det nye var

Var har engang været nu
Nu vil altid blive var
Var leves tit i nuet
Nuet udskydes ofte til var

Mange mennesker gør den evne
At vælge det nu eller var der slipper ansvaret
Men tag altid den stilling i nuet
Som gør dig et godt menneske i varet

Amors mødre

Mine skønne Afroditer af moderniteten
Med linier der beskriver femininiteten
Med ordene der forstærker skønheden
Med blikke der smelter hjerterne

Elegancens tryllebinden
Uimodståeligheden i formerne
Kysseklare munde der indfanger
Berøringens varme omfavnelse

Mine skønne Venusser af moderniteten
Skønheder af indre sindsro
Flydende strukturer af elskov
Kropslig udfoldelse af nærvær

Beriger jeres skønhed med respekt
Forguder femininiteten med betragtning
Fodrer sjælen i j e r med ærligheden
Opildner passionen i jer med sjælen

Den sidste rebel

Den sidste rebel er realiteter
De andre bukkede under for kontor ancienniteter
De har bøjet sig for den øvre magt
I deres rebel med verdenen blev indlagt en pagt

De bukkede sig ned og lod sig slavepiske
Lod deres væsen og idealer udviske
Banede vejen for unge der rebeller kalder sig
Men hvis idealer er egoistiske og hedder mig

Kærlighed, ærlighed og gensidig respekt
Er den uddøendes races sidste slægt
Den sidste rebel kæmper stadig de hårde kampe
Men taber til reality fænomenets kolde dampe

Kærlighed er skubbet mod kapitalens arm
Egoisme og pengeklirren er nu den eneste larm
Humaniteten blev overgivet til Hel
Og med sig tager hun den sidste rebel

Den nye skole

Et tribunal af folkelærte fæ
En bestemmende enhed der flopper
Et sind der bestemmer reformer for børn
De tror de ved alt men de ved ingenting

En nation af elever der lider under tribunalet
Det evige reformskifte der ødelægger
Skoletræthed forøges blandt elever
Lærdom ødelægges fordi lærerne lider under reformen

Et tankesystem er indledt af fæ'ene
Et tankesystem der er egoismens faderlighed
Et system videregivet til de unge elever
Hvis skrøbelige vi sluger det råt

Hvornår får disse politiske revolutioner ende
Hvornår gives reformplanlægningen tilbage til lærerne
For uden viden og indsigt er intet godt
Og af intet godt kommer intet nyt

SJUSER I ET TOMT GLAS

POETISK LYRIK
PORNOGRAFISK RYTMIK
TEORETISK VIDEN
PRAGMATISK SKIDEN

PSYKISK RETORIK
VURDERENDE SKIK
PRÆTENTIØS PRUTTEN
SKEMATISK RUTTEN

FJOLLEDE VÆRDIER
BILLIGE PIGER
DUKKELIGNENDE KEN
LUDERAGT1GE MÆND

SJÆLELIGE PENGE
SKRØBELIGE SENGE
VERDEN SÆLGES
HOVMOD SVÆLGES

Flammende moraler

Jeg vil HAVE det der
Jeg gider IKKE det der
Jeg er LIGEGLAD med det der
Jeg SNIGER udenom det der

Min unge SKAL lære i skolen
Min unge SKAL aes på hovedet
Min unge SKAL opdrages af jer
Min unge SKAL ses som god

Jeg gider IKKE tage ansvar
Jeg gider KUN hvad lyster
Jeg gider IKKE høre på jer
Jeg gider KUN høre på mig selv

Jeg ER blevet egoistisk individ
Vi ER blevet fordrevet af tid
Kærlighed ER blevet et modefænomen
Handling ER blevet en konsekvensløs sag

Ringe i samfundet

Dårlig kritik er bedre end slet ingen
Er det den mentalitet vi virkelig vil hædre
Et samfund fyldt af egoistiske individer
Der føder unger som statussymbol eller indtjening

Er det denne verden er kommet til
Et medie der styrer verdens takt og tone
Et retssystem der lovliggør kriminaliteten
Et politisk system der dikterer samfundet

Hvor i denne farce af et demokrati
Blev lighed, frihed og broderskab af
Er denne verdens retfærdigheds begreb
Blot en note af komisk strejf

Er dommedag blot endnu en festlejlighed
Har menneskeliv kun underholdningsværdi
Er denne menneskelige dekadente adfærd
Viljen hvormed vi lader os styre mod afgrundens dyb

Klirrende kantareller

Modefænomen og klamt hysteri
Er hyklerisk herold i vores tid
Egoister af halshugget empati
Psykopater mod godhedens regi

Ulækre stoddere med jakkesæt på
Danser til klirren af penges lugt
Skider på alt hvad hjælper andre
Tænker kun på det der tjener sig selv

Monstre under sengen udskiftet med guld
Tryghed og rammer udvisket og skudt
Morfose er slidt navn for kamæleon
Opdragelse er en by på Pluto

Den klamme lugt af fordærvet sind
Flyder i luften og i næseborene ind
Mørket der sænker sig over verden
Borer sig fast i Øjets ukomplekse spejl

Generationers pagter

Vi er en generation
Født af egoismens lænder
En 70'er tankegang
Der skulle have været noget godt

En gruppe af identitetsløse
Med en baggrund af sorte huller
En væremåde sig selv nærmest
Skabt af vores forældres nye frisind

Vores børn er anden generation
Af fortsættelsen af vores virke
En flok kamæleoner i samfundet
Uden grundlag uden empati

Generationen før os prøver at udbedre
Uden hensyn til generationers effekt
Uden at tænke på generationers forfald
De kaster blot skygger i en bundløs sø

Kraftværk

Interplanetarisk mundlort
Kronologisk kaos og kaffe lyrik
Freudiansk klamphuggeri
Essensløs betonethed

Livløs opløftethed
Spontan planlægning
Sorteret roderi
Sprogløs telefoni

Begrundet plageisme
Uortodoks almindelighed
Borgerlig uhyggelighed
Totalitær afmagthed

Moderløse begrænsninger
Faderløse intersekvenser
Dimensionelle flugtplaner
Tomgåsede hjerner syder over

Kronik og logik

Skilsmisser et modefænomen i tiden
Et sind af ugidelighed
Et væsen af forelskelse
Et menneske uden etik

Modløse sjæle stormer frem
Ligegyldig adfærd vokser
Maskinens tandhjul slidt ned
Isvaflen smeltet væk

Kådhed den nye ideologi
Ego den nye guideline
Fællesskab skudt ned i vrede
Identiteter begravet i alt

En generation mod afgrunden
En verden imod dommedag
Næstekærlighed et uddødt fænomen
Intet vokser mere og intet vil

Omvendt fremmedhad

Ytringsfriheden tvunget i knæ
Mystiske fremmede tror de kan styre
Tusinders års stolte traditioner
Urealisme er vokset over hovedet

Afbrænding uro og ukvemsord
Er blevet udlændinges aner
Men hvad i deres forvirring siger
Vold er det der må styre

Religionsfrihed er altid tilladt
Dog ikke når den undertrykker
Folkefærd, nationer og lande
Lad være at opføre jer som hunde

I er kommet til vores land af krig
Vi har åbnet armene og hjulpet
Men i tager og opfører jer svinsk
Men i virkeligheden er vi jo alle mennesker

Samfundsrevseren 2

Anorektiske kællinger der sætter standarter
Takket være skruppelløse modeskabere
Lavt selvværd der sår grobund for neurotisme
Et samfund holdt gidsel af identitetsløse

Medier der holder liv i standarterne
Klistrer skærmen til med se-mig-programmer
Producere der sælger sjælen for penge
Kvalitet og kvantitet slået ihjel af respektløsheden

Fitness centre fyldt med moderigtige mennesker
Et kvalmende syn af forfængelighed forpester
Opfordrer til anoreksiens grufulde greb
Et samfund der glemmer at opfordre selvværdet

En jantelov udskiftet med tomhed og facader
En verden uden solide opvækster
Et folkefærd der ikke ejer takt og tone
Et samfund dekadent i dets fulde åndedrag

Roterende akse

Solitude mennesker
Lever sammen men stadig alene
Et individ i sig hver sin egen
Fællesskabets stræben efter mere

Fortabte sjæle der lever som flere
Kamufleret ensomhed spjætter
Sanseløse sløringsnet pådraget
Blinde famler de i deres gøren

Konstante følelser af tomhed
En forvirrende væren i nuet
Taler altid forbi hinanden
Beskeder går tabt i eget ego

Som en virus spredes uroen
Infiltreret i alle samfundslag
En vilje uden mål og middel
Mennesket manglende identitet

Djævlens afkom

En verden fyldt med dårlige energier
En klode oversvømmet af Jeg, mig selv og mig
En flok ulve der forsøger at snyde fårene
Snører sig gennem livet på andres bekostninger

Snyder, bedrager, løgne og dårlige undskyldninger
Sætter sig i de gode energier som parasitter
Tager folks gode handlinger og søler dem til
Forvandler dem til noget skidt, forvrænger alt

Slipper gang på gang fra lovens straffe
Mens godtfolk kan se langt efter retfærdighed
Når loven giver op og gode folk tager affære
Straffes de for at gøre det rigtige

Snyltere forstår ikke respekt og ansvar
De forstår kun frygt og smerte
Men påfører man disse straffes man selv
For det er inhumanitet ifølge nye normer

→

Politiet ved godt hvad der må gøres
Lovgiverne ved hvad der skal til
Politikere har også fat i noget
Men ingen tør gå skridtet videre

Sort og hvidt har ingen gråzoner
Humanitær retfærdighed ingen undslipper
Parasitterne skal drages til ansvar
Selv om det koster dem blod, sved og tårer

Hvis frygt, smerte endda død er hvad kræves
Så må dette gøres på retfærdighedens vegne
mange mennesker der reddes ved en grum handling
for nye tider kræver nye metoder

for vi lever i en verden fyldt med umætteligt onde
hvor parasitter glædeligt gør sadistiske tiltag
derfor må man gå ned på samme stadie i straf
for denne ondskab fordrives kun med ondskab

Freyas debutanter

Skinnende øjne, silkebløde blikke
Smeltende barrierer kærlige syrener
Et smil, et blik, en tilfældig berøring
Varme der bobler op i kroppen

Skønheden i elegancens bevægelse
Lykken i gensidig bekræftelse
Former og krusninger et maleri værdigt
Perfektion liggende i nuance forskellen

Asymmetri i alt sin smukhed
En lille forskel der udstråler originalitet
Hænder skabt til blødhed
kroppe skabt til blid skulpturering

Betingelsesløst gengældt kærlighed
En ren følelse af at være sammen
Åbne hjerter der udforsker bryder grænser
Hylder skønheder i livet lader dem berige

Afklaret

Sidder på en fortovscafe og nyder en kop kaffe
Folk vandrer susende forbi, nærmest i kaos
et dobbeltblik fryser verden fast
pigen med blå skinnende øjne overfor er skylden

hun bevæger sig langsomt og elegant herover
verden er udvisket der er kun de to
kan høre langtfra deres hjerter banke i takt
som hun nærmer sig rejser han sig som gentleman

ingen af dem kan og vil slippe øjenkontakten
for den er ren kærlighed, kræften til at turde
står længe og soler sig i øjnenes varme
byder hende så en stol, hun accepterer

begge sidder med ønsket om mere i kroppen
samtale påbegyndes hænderne glider sammen
snak, grin, komplimenter og åbne hjerter
de er med fælles øjne det smukkeste i verden

→

tiden iler hurtigt væk, pligten kalder
ville gerne forblive lige nu for evigt
står begge og længes, ville gerne kysse hinanden
generthed og opdragelse forhindrer initiativet

de går hver deres vej med tunge skridt
hver især stopper op og vender sig langsomt
de går forventningsfuld imod hinanden
handlingen afsluttes med et lidenskabeligt kys

de fortsætter deres færden ud i livet
lyserøde skyer svæver omkring dem
verden begynder at tø op og blive klar igen
de går med sindsro i kaosset uden bekymring

de ved at ægte kærlighed har berørt deres liv
at velsignelse har givet dem en grobund
de har fået foræret noget der er værd at holde på
kærlighed uden grænser, individuel sammen

Takter

Fuglesang og rumklang
Morgen duggen i luften
Solen der titter frem
Stilhedens smukke larm

Salige sanser
Bølgende varme i krop
Glæden i sindet
Lysets forventninger

Fløjten og syngen
Vækker blidt skønheden
Sprudler af lykke
Deler gerne med andre

menneskelig interesse
Lysner alle op
Utømmelig glædesspreder
Vellidt af alle

Equilibrium

Telefonen ringer endnu en opgave
En opportunist er opstanden
Kysser konen og ungerne farvel
De er de menneskelige ugerningers modpart

Flyver mod et nyt udland et nyt ansigt
Overordnede informerer om opgaven
Finder til rette på endnu et hotelværelse
Samler levebrødsmaskinen og venter

Overfor skal holdes møde for selviske
Et møde der trodser menneskeheden
Timer går, folk ankommer, møde holdes
Målet sidder trygt uden viden om afskedigelsen

Tager stilling med maskinen, finder målet
En lille hvislende lyd fremkommer
Susende metal, vindue der splintres
Blod der sprøjter, en brystkasse med hul

→

Lader maskinen ligge og forsvinder
bekræfter til kontakten opgave løst
Flyveren retur til normaliteten
Opgaven er allerede lagt bagud

Ungerne omfavner ved hjemkomsten
Konen omfavner med glæde i sind
Hun ved godt hvad arbejdet er
Afskediger skyldige der slipper

Men i sindet spøger dæmonerne
Er ikke anderledes end de andre
Arbejder blot på statens regning
Onde gerninger for menneskeheden

Tager trøst i kone og børnene
Elsker dem overalt på jorden
Telefonen ringer ny opgave
En lejemorder på menneskets side

Observatøren

Hører tikken fra uret på væggen
Lærerinden snakker om kornpositioner
Hører ikke meget min hjerne flyver
Mine tanker er et andet sted

Ved siden af mig sidder hun
Den smukkeste skønhed jeg har set
Med hår så sort som natten er smuk
Med brune øjne der får en til at smelte

Endnu var hun i går blot endnu en sød pige
Men så skete hændelsen der flyttede fokusset
En tilfældig berøring og et langt blik
Da timen sluttede, sad vi næsten op af hinanden

Tankerne kører i hovedet hjertet galoperer
Har hun også fået samme fornemmelser
Vi er så forskellige fra to verdener
Vi er 2 årtier fra hinanden

→

Hører tikken fra uret på væggen
Lærerinden snakker om kornpositioner
Hører ikke meget min hjerne flyver
Mine tanker er et andet sted

Ved siden af mig sidder han
Den sjoveste gentleman jeg kender
Med det pjuskede og lyse hår så nuttet
Med blå øjne der får ethvert hjerte varmt

Endnu var han i går blot en god ven
Men så skete hændelsen der åbnede øjnene
En tilfældig berøring et langt blik
Efter timen sad vi på magisk vis tæt

Tankerne spinder i hovedet klump i hjertet
Overvældes han med samme følelser
Vi er så forskellige han er klog på livet
Hvorfor skulle han nøjes med en uvis ungdom

→

Uret tikker på klassens væg
Lærerinden snakker om kompositioner
To mennesker sidder og hører intet
De er berørte af hændelsen i fortiden

De sidder i hver sine tanker
Lægger ikke mærke til observatøren
Deres verdener krydsedes i går
Tætheden er vidnet til dette

De sidder nu med normernes dæmoner
I deres higen efter et svar indefra
Bliver tætheden til en usikker fjernhed
De skubber hinanden modsatte vej

Pludselig sidder de langt fra hinanden
Hilser akavet til hinanden i hverdagen
De valgte som mange at lytte til fornuft
To på samme følelsesplan for evigt tabt

Urkraften

Flimmerkassen larmer i baggrunden
En lille lampe lyser en varm stemning
Kærlighedens omfavnelse i divaen
Stille summen nyskabte glæder

Afslappende øjeblikke nydes
Stilstanden i tid, lever i nuet
Smukke blikke af bekræftelse
Varmen i kroppen ved berøringen

To åbne sind draget af hinanden
Har givet slip på usikkerhederne
Lader livets dualitet sive ind
Glæden ved gensidig accept

Natten falder på, en skoledag i morgen
Afskedens bratte opvågningskald
Havde lige fundet eksistensen
Vil ikke give afkald på følelsen

→

To hjerter banker utæmmet
Evighedens tag vil ikke slippe
Sjælene skriger efter mere
Tunge skridt hjemad starter

Havelåge nås, ilen fra døren
Kys og kram, snak og konstatering
Beslutter at opleve natten sammen
ligeglade med efterskælvene der følger

vækkeuret ringer en ny dag
forelskelsen lyser ud af dem
rystelserne er kun dejlige
følges hånd i hånd ingen frygt

Kammeratlig varme og smil
Kram og glæde følger med
Har længe set det komme
Skridtet blev endelig taget

Anno 2008

Droner i et hjerneløst samfund
Slavisk robotlig bevægelighed
Optimeret arbejdslig omgang
Konstruktiv selvstændighed druknet

Mekanisk hverdag ingen afvigelser
Følelsesløs viden uden udfoldelse
Ambitioner en statistisk pengemaskine
Kærlighed en videreførelse af gener

Emotioner et tegn på svaghed
Fænomen ikke tolereret af maskinen
En devaluering af arbejdskræfter
Moral endnu en unødig udgift

Udrensninger af svaghederne
Kamufleret som et venligt udspil
kapitalens fremgang træder ned på
retfærdighed straffes med død

Forfald

Et samfund i forfald
Ligegyldige arbejdstitler
Institutnavne shinet op
Amerikanisering og titeljagen

Sexolog og livsstilsekspert
Tomme titler ingen uddannelse bag
O.T.S. forfinet til Syddansk Erhvervsskole
Samme lort ny indpakning, ingen ændring

Alle slynger ud med fine ord og fraser
Men har ikke Emma Gad med i baghovedet
Selvstændig bliver til innovativ konsulent
Og straks vil alle have del i den kage

Det er fremskridtet det er godt
NEJ! Ikke uden takt og tone
Ikke uden identitet og baggrund
Og slet ikke uden næstekærlighed

Menneskets natur

Mennesketomme gader
Trykket stemning i luften
Stilhed omfavner illusionen
Nægter at lade sig kue af rigtig

Et brag, et blik, grå svamp i horisonten
Et smukt syn overvælder sindet
Forstyrres af en bidende trykbølge
Kaos, larm, smerte, verdenen sortner

Endnu et uhelbredeligt sår på moder jord
En civilisation mere gået til grunde
Offer for fremskridtets overhånd
Intet er lært, intet vil ændre sig

Menneskefyldte gader
Intet kaos, larm, smerte, verdenen sortner
Uvidenheden i luften, usynlig dræber
Udviklet fremskridt, indgroede holdninger

Dybder

En verden uden skønhed
Er en verden uden lys
En verden uden håb
Er en verden uden liv

I håbet ligger livets frø
I lyset skinner skønheden
I livet vokser frøet sig stort
Skønheden er næringen

Mennesker går ofte i mørket
Derved kan det ikke se lyset
Og ikke gøre gode gerninger
Eller være gerningen i sig selv

Find vejen der fører til lyset
Lad det skinne og del med andre
Vær ikke selvisk giv håbet plads
Lad din styrke erobre mørket

Revolution

At gøre intet er medskyldighed
En frygt sået for årtier siden
Rigtige beslutninger bremses indefra
Ingen tør og ingen vil aldrig turde

Diktatorer blomstrer fordi kujoner består
Hjerteløse styrer landet uden konsekvenser
Sorterer åbenlyst landets folkefærd
Skabere af empatisk holocaust

Få prøver at skabe modbalance
En opgave umulig at gennemføre
For inhumane tiltag er nødvendige
Blod skal spildes før demokrati genopstår

Frihedskæmpere der venter på krigstider
At kæmpe for frihed og demokrati
For at slå ondskab ihjel selv og man er morder
Slå ondskab ihjel i krig og man er en helt

Dåsetalen

"hvordan går det"
det mest præcise spørgsmål
men samtidig det mest irrelevante
for i dag er det blevet retorisk

et spørgsmål stillet i høflighed
men ødelæggende for en der er skidt
for svaret på spørgsmålet er stillet
det er paradoksalt "jeg har det fint"

en standart i en rutinel hverdag
skyggen af noget der var engang
resterne fra en tid med næstekærlighed
ingen gider mere høre sandheden

tag aldrig ligegyldighedens ord i munden
de er starten til et værre sted
tal kun hvis handling er bag ordene
ellers luk røven og lad kæften tie

Fascination

Småsludren grin summende historier
Glade mennesker travle mennesker
Fyldte lokaler individer mangfoldige
Folk kommer og går konstante indtryk

Sanseindtryk i evige bevægelser
Sidder stille og nyder nærværen
Observatørens prærogativ varmer
Mennesket i alt sin pragt og fryd

Piger, drenge, gamle, unge alle skikkelser
Sidder uforstyrret og nyder øjeblikkene
Nogle tegner og fortæller til hinanden
Andre plaprer løs og griner sammen

Det ukomplekse forhold af bare at være
En fælles stemme delt i symmetriske toner
Rum fyldt med varme og intensitet
Mangfoldighedens bedårende ansigt

Kubik

Mandag morgen myldretrafik
Møder mopset med mylderbæ
Mosler maskinen med magt
Møg mandag, mareridt

Kontoret kryber klaustrofobisk
Koncentration kommer kort
Kaffen kradser konen kimer
Kanøfler koppen, klirren

Lønmanden lusker listigt
Lugter lunter langerer liv
Langsynet latter lægger sig
Langsom længsel, lorteliv

Fyraften former forventning
Flygter forstenet frihed for
Fruen forkaster frie floskler
Frillen fyres ferm, FRI

Ny begyndelse

Skumringsfarvet himmelhvælving
Mørke skyer svæver omkring
Frisk kulde hænger i luften
Fornemmelsen af regnvejr på vej

Himlen åbner sluserne i alt sin pragt
Den beroligende lyd af regn på vinduet
Behagelig følelse af nyfriskhed
Den indre varme af vandets berøring

Render rundt i regnen lader den ae
Smukheden i regnens fleksibilitet
Dualiteten i kontakten med jorden
Kroppens sanseindtryk af frisk vådhed

Regnen stopper skumring falmer bort
duften af det friske græs der ebber op
regnbuens glinsende farver fortryller
nyder hvert sekund som et evigt udtryk

Godmorgen

Vågner i lysets baden
Fuglene taler lyrisk
Nattens plæne lokker
En tilstand af salighed

Parkerer mig på terrassen
solen varmer mit indre
fuglene inspirerer humør
plænen forfører sanserne

sidder længe og indtager
morgenens mange udtryk
beriget med livsanskuelser
duggen fortryller sindet

nyder kaffens aroma i stilstand
lader indtrykkene fæstne sig
frembringer mageligt pligten
går med sindsro på arbejde

Dansende hjerte

Kærlighed er som et inferno
Man kan varme sig i den
Eller man kan forbrænde sig
Uanset så kan man bruge den

Kærligheden flytter bjerge
Den giver kræften til at rejse sig igen
Den evner at formå tilgivelse
Den magter udvidelsens glæde

Den kan forsvinde i mørket
Trække sig ind og gemme sig
Skubbe alt og alle ud af sig
Syde over og begå dumheder

Men den vil altid være der
Som et frø i en indre tilstand
Den kan aldrig holdes nede
Den sejrer altid i sidste ende

Tiltrækninger

Værdig er mennesket
Der værdsætter alt liv
Som giver det næring
Og lader det gro

Værdigt er manden
Som elsker en kvinde helt
Der respekterer og ærer hende
Og lader hende blomstre

Værdig er kvinden
Som elsker en mand helt
Der respekterer og elsker ham
Og lader ham gro indefra

Uanset om du er mand eller kvinde
Så vær altid tro imod hinanden
Vi kan ikke overleve uden hinanden
Derfor er kærligheden lyksalighed

Poeten og kloden

Mimoser og matematik
Liljer og latin
Krokusser og kemi
Dahliaer og dansk

Stavns bundne flokke
Frihedens individer
Sansernes flugt
Berøring fanget

Pantomime og retorik
Rytme og bevægelse
Indtryk og udtryk
Fissioner og fusioner

Et miskmask af forviklinger
Der beærer og beriger os
Gør os visere i livet
Og rigere i sindet

Den rejsende

Hvorfor skulle du vade ind i dette liv,
Når du alligevel vadede lige så hurtigt ud.
Du er ikke klar over hvad du gjorde.
For første gang føltes kærlighed,
For første gang åbnede et døende hjerte.

Du gav et håb, du gav en glæde.
En glæde der ikke havde føltes længe.
Du gav tomheden konkurrence.
Du gav troen på livet et kort moment,
Og du fodrede det gav det varme,
Blot fordi du gav din sjæl et øjeblik.

Du fjernede det lige så hurtigt igen.
Du kunne ikke alvoren bag kysset,
Du ville ikke bare være statistik.
Ikke bare at kysse med hvem som helst,
Men at alvor skulle være bag.

Troede vi begge var enige.
Men hvad der fik dig til at vende,
Vil aldrig findes ud af.
For du har valgt tavshedens vej.

From

Lysets glimtende skær
I gulvenes bonede linier
Summen af tilhørsforhold
Lyksalig enfoldighed

Nærværets samhørighed
Blomstrende attituder
Duften af nybagt bagværk
Fylder kroppens sanser

Tillokkende anemoner
Besnærer sansernes leg
En konstant tåget tilstand
Befordrer tankestrømme

Et væsen så rent
Med umættelige indtryk
Kommer sandheden til skue
At leve er at føle

Hjerter

Smilende tilnærmelighed
Skinnende brunt nærvær
Fnisende adfærd bevidner
Samtale påbegynder rejsen

Intensivering bevidner intentioner
Blikke fastholdes i nuet
Flitsbue spændt streng
Dualitetens blomstring

Miniskuel berørings hengivenhed
Kærlighedens konkrete vandring
Håbets kilde af uudtømmelighed
Forventningens bankende glæde

Kærlighedens deklarering
Flitsbuens afspændthed
Forventningens indfrielse
Dualitetens bekræftelse.

Kontra produktivitet

Skumringslyset varmer
Morgendagens trætte trælle
Begrænset bevægelsesmønstre
Søvnfulde sansers opståen

Travlhedens stille larm hvisker
Om fremtidens uro's begynden
Tempo der stille skrues op
Mangfoldighed, fart og larm

Konstanter som er blevet
En hverdags evige higen
Aldrig at kunne skue udover
Udfordringer fylder sindet

Modløse ansigter forstøvet i tid
Kroppens forsvar ædt af jag
Sådan er rutinens prægede ed
Desillusioneret velvære

Mennesker

Et potpourri af dufte
Besnærer emotioners sanser
Tillokkende erkendtlighed
Fristelsens søde nektar

Skønhed bekræfter dufte
Svajende lyse lokker i vinden
Illuminerende blå tilgængelighed
Sjælelig ild sammensmelter

Forventningens følsomhed
Symfonisk lyd bevæger
Tilstandens oprørte hav
Blide smil projekteres

Berøring bevilger beslutsomhed
Hjertets overgivende flammer
Usynlighedens farverige slør
Konstituerer forbindelsens fastgørelse

Ridder af mørk materie

Mørke vinterdage
Atomvejret sluger alt
Melankoliens territorium
Bedrøvet sindstilstande

Bevandrer, betragter og interagerer
En middelaldermand i nutiden
Sjæledokter på mission
Fortærer af mørkets energi

Bringer af lysets varme
Sjælenes spinkle håb
I en verden af materie
Og identitetsløshed

Den religiøsløse munk
Med universet som tro
Højere universal sammenhørighed
imod religionens indsnævret verdenssyn.

Måneskins tur

Elskende på kærlighedsstiens vej
Aura betonet måneskin
Oplyser vejens kurver
En beundringsværdig gestus

Summende konversation
Nattens overdøvende stilhed
Skovens mirakuløse lyde
Filtreres i øres banken.

Lampernes knitrende skær
Indrammer stemningens blik
Varmens summende prikken
Følelsens nærvær absorberer

Forelskelsens illuminerende lys
Verdens forunderlige sanser
En bølge af følelses indtryk
Bekræfter seancens ægthed

Ode til læseren

Poetens værk har nået sin ende
Håber du fandt noget at kende
Noget at forholde sig til
Som i hjertet altid være vil

Et indtryk af et udtryk ved aftryk
Er digtsamlingens bærende ryg
Sansernes bombardement er sket
Nedskrevet som tankestrøms tapet

Poeten takker alle fra hjertet af
Håber I har nydt ordenes staf
Tilbage er kun dette at sige
Husk altid god at forblie

Samurai

Brian Ingemann Schierning Holme

Haiku-digtsamling

Samurai

Forlaget BoD

79

Bølgernes brusen
Bladenes rusende fald
Stilheden kommer

Dybets stille ro
Himlens mørkeste skyer
Varmen forsvinder

Lyset brænder ud
Tågens usynlige blik
Spejlende udsyn

Træerne vakler
Tankerne svæver evigt
Holder aldrig op

Visnende blomster
Himlen mørknes varslende
Freden bliver brudt

Lyset brænder ud
Skygger i mørket går rundt
Tankerne vakler

    Livet hvad er det
    Et lys i hverdagens gang
    Eller måske ikke

Koppen falder ned
Tusindvis af partikler
Mysteriets gåde

    Tiden svinder bort
    Evigheden taler blidt
    Gådefulde ord

Flydende masser
Ørknens udslettende jord
En varm intethed

Mørket forsvinder
Lysnende øjeblikke
En kort stunds lykke

To hjerters banken
En følelse af glæde
En kort stunds lykke

To menneskers færd
Som to de verdnen ud går
Som en de bliver

Vindens stræben rundt
Markens evige svajen
Jordens sidste dans

Tomme ord tales
Et råb om hjælpeløshed
Livet visner bort

Varme følelser
Lidenskabelig øjne
Kærlighedens vej

Forvirrende blik
Det evige spørgsmålstegn
Findes der lykke

To blikke mødes
Kærligheden blomstrer op
Evig ungdom

Et menneskes tro
Andre menneskers viden
Alting i kaos

I nattens mørke
Mærker smerten ramme mig
Forsvinder langsomt

Kigger mig omkring
Et suk efter kærlighed
Tiden flyver bort

Træerne hvidnes
Kulden kommer snigende
Længslen skuer frem

Lyset spejler sig
Fortid, nutid og fremtid
Falder langsomt ned

Kigger på øen
Ensomheden stirrer blot
Viser vejen frem

Valsende fødder
Forenelsen er en fryd
Tænkende sjæle

Et fortryllet blik
Beruselsen flyder rundt
Eviggørelsen

To menneskers sind
Nådige skrig i natten
Byrden at være

Sjælforenelsen
Elskov i kærligheden
Velfærdens glæde

Blussende blikke
Lammelsen flyder omkring
To mennesker er

Lysnende drømme
Følelsen af at svæve
Stilstand bevæger

Gyldne momenter
Ensomhedens forsvinden
Evighedens lys

Uskyldens flammer
Sjælens tætnende blikke
Sviende smerter

Ulykkelighed
Mandens længslende hjerte
Sorgens følelser

Menneskets forfald
Magtesløsheden kommer
Tætnende mørke

Tusmørkets klamren
Totalt kaos fremmanes
Døden kalder op

Tænkende hjerner
Forvirringen maner frem
Glider stille væk

Guddommeligt liv
Spotlightenes evige lys
Udbrændte stjerner

Visdommen sejrer
Tiden læger alle sår
Ensomheden er

Blændende roser
Kærlighedens vilde favn
Lykkens evighed

Mennesker vandrer
Falder I dybe huller
Evighed findes

Ufuldendthed er
Bonsai-træer skuler blidt
Dvælende kultur

Smådyr slentrer rundt
Skuer gennem tremmerne
Kommer ingen vej

Står og undrer mig
Verden spejler sig i sind
Stirrer på mig selv

Fordybet vrissen
Skulende løgnes smerte
Sandhedens lænker

Troskabens længsel
Ærens skånende vilje
Pligtens venlighed

Skånselsløse råb
Våbnenes evige snak
Sjælen bevæger

      Menneskets forfald
      Sjælens uendelighed
       Fanget kærlighed

Syngende fugle
Sommerens dejlige vejr
Blusende solskin

      Flagrende tårne
      Velfærdens hvæsende stik
       Et sagn om frihed

Sitrende blikke
Kærlighedens tomme ord
Intethedens snak

Tomhedens talen
Vissenhedens magre sang
Lysets bortløben

Kølige tanker
Travlhedens snigende takt
Uddøende liv

Tomme facader
Udrindende taktløshed
Livets vej fortabt

Skyggerne taler
Tome ord fylder mit sind
Beruselsen er

Taktiske hjerter
Bedragelsens herskere
Ødelægger sind

Faldende tåger
Blindhedens kaos lider
Måbende sjæle

Utroskabs falmen
Tilintetgørelsens pris
Bundløse grave

Taktløse toner
Summende rosers bedrift
Kvinde bekræftes

Livløse øjne
Benægtigelse skuer
Intetsigende

Lys skaber liv
Bæstets mørke væsen ses
Mennesket kaldet

Fortabthedens pris
Flagren i det ukendte
Liv koster intet

       Blomstrende enge
       Træers svajende skygge
       Falskhedens vandren

Fredens indre ro
Forstyrrelsen blusses op
Jalousiens pris

       Tanker svæver rundt
       Intetheden vinker ud
       taktløse sjæle

Dråber fra himlen
Opildner sindstilstanden
Smertens indre ro

Skælvende dråber
Dødens barmhjertige ro
Forsvinder I tid

Modløse sjæle
Venligsindede væsner
Tidløse gerning

Husets tomme sjæl
Ensomhedens skygger er
Tryghed forsvinder

Indre konflikter
Bevægende følsomhed
Afsky vinder tid

Taktløse tanker
Dysterhedens grådighed
Forræderens pris

Døende sjæle
Opgivelsen bider fast
Forsvindende håb

Livets lange vej
Kærlighed bryder styrke
Indre forfald ser

Følelsen af sagn
Kroppens indre depression
Flyder ud i et

Øjne lukker ned
Ligger i livløs dvale
Følelsesløshed

Skyldigt blod flyder
Hjertets blødende indre
Spildt liv fortrydes

Tanker ebber ud
Stilhedens pris visner væk
Forbandet er vi

Mennesker vi er
På godt ondt og alt andet
Respekt er en start

Stolthed er en dyd
Ligegyldighed et tab
Smukke sind sjældne

Troskabs band glæder
Elskovens lykke brydes
Vilde hjerters død

Trillende tårer
Fortvivlens følelser er
Uddødt hjertesind

Øjne er sjælen
Hjertet er kærligheden
Kroppen er tilstand

Vandrende hjerte
Finder, giver sig, svigtes
Dvælende tomhed

Kærlighed består
Sjælens øjne forskønner
Flammer indefra

Lidenskabens kys
Smukke følelser blomstrer
Ømhed bekræfter

Fortielsens pris
Følelser blev ikke vist
Ærgrelsens kulde

Livets energi
Positive følelser
Beærer tiden

Hjerter dømmer hårdt
Tilgivelsens magt højnes
Bitterhed sluger

Dampende kopper
Stilhedens smukke lyde
Saligt falder ro

Mennesker farer
Stress, jag, følelser roder
Sætter ar på sjæl

Kigger omkring sig
Døvhedens tavse skrigen
Driver til vanvid

Hjertets formåen
Er mysteriets drivkraft
Og folks forundren

Himmelblå øjne
Svajende lyse lokker
Skønhed indefra

Skæbnen er bestemt
Falmer betingelsesløst
Væk i et sekund

To sjæle mødes
Nysgerrighedens hjerte
Kærtegn udføres

Forvirring hersker
Kaos styrer følelser
Stiller spørgsmål

Lykke er tidløs
Den kan vare for evigt
Eller en kort stund

Små hænder rører
Livets største vidunder
Kærlighed spirer

Tomme tankers skrig
Vanvid vokser indefra
Lukker sin verden

Tomhed milevidt
To sjæle vandrer omkring
Beskuer smukhed

Spindende katte
Kærlighedens enkelthed
Livets mirakel

Tidens tendenser
Målbevidst ødelægger
Glemmer følelser

Manisk perfekthed
Indre lussinger fængsler
Kan ikke finde

Livet befamler
Stolthed brister ære dør
Håb skriger oprør

Målbevidst skæbne
Angst hvisker sagte kærtegn
Styrke bygges op

Leve er at føle
Føle er at give slip
Give slip viser

Konfliktsky verden
Begrundet ansvar føjes
Konsekvensløst liv

Genialitet
Malplaceret sindssyge
Fejlfri konklusion

Indædt lidenskab
Fortæres af skeptisme
Ensomhedens pris

Sky på blå himmel
Solen titter, træer står
Og vogter flora

Skinner, sten, sveller
Suser forbi under mig
Destination nul

Nomade hjerte
Bevandret i mange år
Rodløst sind bosat

Stivnet smil gemmer
Usynlighedens tårer
Opgiver livet

Falmende glæde
Erindringer visner bort
Kæmper ej mere

Livets færden er
En vandrings ufuldendthed
Læren om livet

Moderat galskab
Tomt blik stirrer forundret
Verden upålagt

Viden om verdnen
Enden til alt ophør er
Undergang er nær

Kunsten at leve
Hjertets taktløse falskhed
Bedyrer ægthed

Tankeløse folk
Stræber efter perfekthed
Bygget illusion

Bankende hjerne
Følelsers stille råben
Nedsmeltet ego

Trådløse forhold
Global sammenhørighed
Bippende roser

Fortabt kærlighed
Lykkens smed brændt på bålet
Heksejagt blevet

Tusinde tanker
Strømmer voldsomt i blodet
Katatonisk ild

Folkloriske er
Notariusser i tid
Heroldisk helte

Perforiens sjæl
Billedlige manifests
Platonismens spil

Spejlende øjne
Krakeleret facader
Evighedens lås

Stilhedens summen
Fredfyldt indre ro synger
Dugfrisk følelser

Manisk depression
Følelsestomme hylstre
Nutidens svaghed

Pillernes samfund
Ignorante vidende
Giver bare løs

Dekadent værdi
Kokette attituder
Tindingens forfald

Merhedens griskhed
Udtømmende ressourcer
Folkets støvsuger

Påtaget ægthed
Hyklerisk overfrakke
Skjuler sandheden

Tidens mastodont
Et svundet levn af smukhed
Forfalden glemsel

Penges magtcentrum
Brændpunkt i humanitet
Sedlens sjæl, dyrisk

Kognitiv viden
Ligeglade holdninger
Kornfede monstre

Lig sølet i blod
Hjernemasse beklædt væg
Identitetsløs

Indre dæmoner
Empatiske mordere
Ligeglade er

Mephistopheles
Faust integreret blodrus
Nedfalden engel

Barneskrig risler
Inhumanitet skubber
Bæstets ansigt er

Seksualitet
Forførende barnesind
Kender kroppens værd

Muntre lege er
Illusion lever I os
Naiv er folket

Manden med leen
Sofistikeret bevis
Begrænset udvalg

Kulde rød kinder
Simpelhedens sande frygt
Rent hjerte farver

Zeusisk tendenser
Pediestalsk entiteter
Ego er moden

Venus erobrer
Kærligheden indtager
Kæmper for håbet

Magtens korridor
Snæver vending ej muligt
Ensporet retning

Hjertets madlavning
Kulinarisk essenser
Barnesinds glæder

Griskhedens ansigt
Kontinuerlig foragt
Undergang bestemt

Respektløst hjerte
Følg skikke eller land fly
Morakker tærer

Roninsk folkefærd
Mestreløs samuraier
Formål forsvundet

Viden om fremtid
Empatisk energier
Mørkets vogter er

Arternes vira
Rovdyrets gift besudler
Stjerneport lukket

Ondskabens fjende
Godhedens smukke våben
Besejrer frygten

Ensomhedens pris
Er en empats betaling
For liv på jorden

Kvidrende fugle
Sollys gennem windues dug
Forår sprunget ud

Larm i det fjerne
Landets essens af stilhed
Livets enkelthed

Betragter fra fjern
Lyden af nærværs summen
Varmer mit indre

Brølende torden
Herolder lynets kommen
Regn varsler ny gry

Verden flås itu
Grumme politikere er
Grådighed regent

Elektronik, fy
Humanitet ødelagt
Nulstil verden nu

Smartphone krig raser
Folk bliver transformeret
Zombienationen

Bryder cirklen nu
Udvikler til bedrehed
Forkaster verden

Vemodig opsang
Tomme gestusser larmer
Bevæget stilstand

Barneleg hu hej
Lattermild uskyldighed
Charmerende liv

Vandrende skønhed
Hjertets øjne forener
Fuldendt berøring

Syrenernes sang
Opløftet hjerte længes
Fyldte følelser

Tiltrækninger er
Yndige anemoner
Dyrisk magneter

En bænk i parken
Træets svajende krone
Lyksalig stilhed

Teknisk tumperi
It idiocrati
Ansvarsløs lærdom

Buldrende regnvejr
chokoladens søde duft
Varme følelser

Blikke beslutter
Elskovens sagte hvisken
Kærlighed vokser

Sørgmodigt blikke
Mangfoldige ensomhed
Kigger indefra

Tærende grænser
Letsindige forhold er
Ingenmandsland

Smukke væsner ser
Sjæleløse dukker er
Blødende hylstre

Høje stoltheder
Grønne blade hvisker sødt
Indre rolighed

Rislende lyde
Blåskæret i sollyset
Duften af renhed

Tumpet tyranni
Holdningsproletarer er
Forkynder tomhed

Bombarderet liv
Flossede fantasier
Mystiske spejle

Sensorisk slåbrok
Staccato silhuetter
Paralyseret

Oplyste skærme
Summende plastik kasse
Mekanisk læsning

Funklende fremtid
Farverige nutider
Gråtonet fortid